BEI GRIN MACHT SICH IHR WISSEN BEZAHLT

AF150934

- Wir veröffentlichen Ihre Hausarbeit, Bachelor- und Masterarbeit

- Ihr eigenes eBook und Buch - weltweit in allen wichtigen Shops

- Verdienen Sie an jedem Verkauf

Jetzt bei www.GRIN.com hochladen und kostenlos publizieren

GRIN

Scarlett Henning

Die Rolle von Bindung zwischen Kindern und Eltern und ihre Folgen für die lebenslange Entwicklung

GRIN Verlag

Bibliografische Information der Deutschen Nationalbibliothek:

Die Deutsche Bibliothek verzeichnet diese Publikation in der Deutschen National-
bibliografie; detaillierte bibliografische Daten sind im Internet über http://dnb.d-
nb.de/ abrufbar.

Impressum:

Copyright © 2011 GRIN Verlag, Open Publishing GmbH
Druck und Bindung: Books on Demand GmbH, Norderstedt Germany
ISBN: 978-3-656-04147-4

Dieses Buch bei GRIN:

http://www.grin.com/de/e-book/180468/die-rolle-von-bindung-zwischen-kindern-
und-eltern-und-ihre-folgen fuer

GRIN - Your knowledge has value

Der GRIN Verlag publiziert seit 1998 wissenschaftliche Arbeiten von Studenten, Hochschullehrern und anderen Akademikern als eBook und gedrucktes Buch. Die Verlagswebsite www.grin.com ist die ideale Plattform zur Veröffentlichung von Hausarbeiten, Abschlussarbeiten, wissenschaftlichen Aufsätzen, Dissertationen und Fachbüchern.

Besuchen Sie uns im Internet:

http://www.grin.com/

http://www.facebook.com/grincom

http://www.twitter.com/grin_com

Inhaltsverzeichnis

1. Einleitung

Versagen die Eltern im sozial-emotionalen Umgang mit ihrem Kind, versagt das Kind später im Leben.

Diese Hypothese beschreibt einen Sachverhalt, der bis heute stark umstritten ist. Ist es wirklich so einfach nach dem Prinzip von Freud zu gehen, dass das was im Säuglings- und Kleinkindalter vernachlässigt wurde, später nicht mehr nachgeholt werden kann (vgl. Oerter 1993, S. 78)?

Wie komplex das Thema der Eltern-Kind-Bindung ist, zeigt einer der bekanntesten Entwicklungspsychologen Bowlby in seiner Bindungstheorie auf. Auch John Bowlby unterstreicht, wie viele andere Wissenschaftler, die Tatsache, dass die Eltern besonders in den ersten Lebensjahren des Kindes eine wichtige und entscheidende Rolle spielen. Das Kind ist abhängig von der Pflege, dem Schutz und der Fürsorge der Eltern. Den Eltern ist oft der Einfluss, den sie auf ihr Kind haben, gar nicht bewusst.

In meiner Hausarbeit werde ich darauf eingehen wie sich die Eltern-Kind-Bindung in der Säuglings- und Kleinkindphase entwickelt. Hier werde ich mich speziell an der Bindungstheorie nach Bowlby und an die Forschungsarbeiten von Mary Ainsworth orientieren. Ob und wie schlechte Bindungserfahrungen eine Rolle im späteren Leben am Beispiel des Jugendalters spielen und welche Bedeutung der Sozialen Arbeit zuzuschreiben ist, werde ich am Ende meiner Arbeit analysieren. Zu betonen ist, dass in den wissenschaftlichen Texten oftmals nur von der Mutter als wichtigste Bezugsperson die Rede ist. Allerdings lässt sich das Bindungskonzept auch auf den Vater beziehen (vgl. Oerter & Montada 2008, S. 217). Ein weiterer Punkt ist, dass ich mich nur auf die Säuglings-, Kleinkind- und Jugendphase konzentriere. Andere Phasen wie Schulkindalter oder Erwachsenenalter lasse ich außer Acht.

2.   Definition des Bindungsbegriff

Da der Begriff der Bindung ein zentraler und wichtiger Bestandteil meiner Hausarbeit ist, ist es entscheidend ein allgemeines Verständnis darüber zu schaffen. Nach dem Werk von Jungmann und Reichenbach „Bindungstheorie und pädagogisches Handeln" (2009, S. 15) wird Bindung wie folgt definiert: „Mit dem Begriff Bindung wird die enge soziale Beziehung zu bestimmten Personen, die Schutz oder Unterstützung bieten können, bezeichnet". In dem Fall der Eltern-Kind-Bindung beschreibt die Bindung die enge soziale Beziehung zwischen dem Kind und dessen Eltern, die fürsorglich sind. Dabei ist zu bemerken, dass nicht von Anfang an eine Bindung zwischen Eltern und Kind vorliegt. Bindung ist ein Prozess, der sich über Monate und Jahre hinweg durch intensiver Interaktion kindlicher und elterlicher Verhaltensweisen entwickelt (vgl. Jungbauer 2009, S. 42).

2.1   Bindungstheorie nach Bowlby

John Bowlby, welcher als Pionier der Bindungsforschung gilt, stellte den Begriff der Bindung, welcher im ersten Abschnitt definiert wurde, in den Mittelpunkt seiner Forschungen und entwickelte die Bindungstheorie. Diese Theorie revolutionierte den damaligen Stand des Wissens. Während man vorher an dem Gedanken der Triebtheorie aus der Psychoanalyse von Freud festhielt, konzentrierte sich Bowlby auf die Gründe, warum ein Mensch dazu neigt enge emotionale Beziehungen einzugehen mit Hinblick auf die Folgen, die eine Beeinträchtigung dieser Beziehungen auf die seelische Gesundheit und weitere Entwicklung haben kann (vgl. Jungmann & Reichenbach 2009, S. 15). Bowlby unterschied neben der Bindung das Bindungsverhalten, welches genetisch bedingt ist und eine biologische Funktion hat. Dieses Bindungsverhalten sichert das Überleben des Säuglings. Es hat zum einen die Aufgabe dem Kind die Nähe und den Schutz einer Bezugsperson durch angeborene Reflexe und Verhaltensmuster wie z.B. Lächeln oder Schreien zu sichern. Es verursacht eine biologische Reaktion der Mutter bzw. des Vaters auf die Signale des Kindes mit fürsorglichem Verhalten zu reagieren. Dabei spielt die Qualität der Fürsorge keine entscheidende Rolle. Kinder binden sich an die Personen, denen sie vertrauen. Deshalb bilden sie während der ersten Lebensmonate eine Hierarchie der Bezugspersonen, an deren erster Stelle oftmals die Mutter steht. Das Bindungsverhalten entwickelt sich in den ersten drei Lebensjahren des Kindes und lässt sich in vier Phasen einteilen. In der ersten Phase, bis circa drei Monate, ist das Kind noch an keine bestimmte Person gebunden. Man sagt, es ist „allgemein sozial ansprechbar". Ab drei Monaten ändert sich dieses Verhalten langsam. Das Kind fängt an zwischen vertrauten und unvertrauten Personen zu unterscheiden und sucht mehr die Nähe der, für ihn eingeschätzten, vertrauten Person. Man spricht in der Phase von „personenunterscheidender Ansprechbarkeit". In der kritischen Phase zwischen dem 7.-8. Lebensmonat entwickelt das Kind ein Bindungssystem. Das sich durch Fremdeln und Trennungsangst äußert. Das gefährliche in dieser Phase ist, dass eine längere Trennung von der Mutter ohne Ersatz hier zu einem depressionsartigem Zustand führen kann. Ab dem Alter von drei Jahren wird das Kind wieder unabhängiger von wichtigen Bezugspersonen („Dezentrierung"). Eine vorübergehende Abwesenheit von Bindungspersonen kann es nun ertragen. (Vgl. Jungbauer 2009, S. 44-45) Bei diesen vier Entwicklungsphasen nach Bowlby ist zu erkennen, dass es einige Zeit in Anspruch nimmt bis ein Kind sich an eine Bezugsperson bindet, aber es ebenso versucht nach nicht allzu langer Zeit wieder unabhängiger von der vertrauten Person zu werden.

2.2   Bindungsverhaltenssystem und Explorationsverhaltenssystem

Wie im obigen Abschnitt erläutert, fängt ein Kind im Alter von 3 Jahren an sich langsam wieder unabhängiger von den Bezugspersonen, den Eltern, zu machen. Es erkundet seine Umgebung und spielt mit Objekten. Dieses Verhalten bezeichnet Bowlby als Explorationsverhalten. Dem Explorationsverhalten gegenüber steht das Bindungsverhalten. Diese beiden Systeme sind komplementär. Das bedeutet, dass sie sich auf der einen Seite ergänzen, aber auf der anderen Seite nicht zur gleichen Zeit vollkommen aktiviert sind. In unsicheren Situationen ist das Bindungsverhaltenssystem aktiviert. Das Kind hat die Sicherheit in einer für ihn angsteinflößenden Situation Zuflucht bei den Eltern zu finden. Genau dieses Wissen benötigt das Kind, um das Explorationsverhalten entfalten zu können. Nur durch die Eltern, als sichere Basis, fängt es an in sicheren Situationen zu explorieren und daraus resultierende Lernerfahrungen zu sammeln. Diese Wechselwirkung ist sehr wichtig für das Kind. (Vgl. Jungmann & Reichenbach 2009, S. 18)

2.3   Verhalten der Eltern und daraus resultierende Bindungsqualitäten

Im Abschnitt 2.2 wurde deutlich wie wichtig Eltern für das Kind sind um selbstständig zu explorieren und notwendige Erfahrungen zu sammeln. Erst wenn das Kind die Fürsorge spürt, fühlt es sich sicher. Auch Mary Ainsworth, eine Kinderpsychologin, stellte fest, dass das Zuwendungsverhalten der Eltern, besonders der Mutter, in den ersten Lebensjahren des

Kindes ausschlaggebend dafür ist, welches Bindungsverhalten das Kind annimmt. Anhand eines Tests „Fremde Situation" testete sie Kinder im Alter von 12-24 Monaten nach ihrer Reaktion auf ihre Bezugspersonen, von denen sie in bestimmter Abfolge getrennt und wiedervereint wurden. Das Resultat dieses Tests waren drei verschiedene Bindungstypen und das Verhalten der Eltern, dessen denen zugrunde liegen. Ein konsistent feinfühliges Verhalten ist gekennzeichnet durch Einfühlsamkeit, Verlässlichkeit und Zuwendung. In den meisten Fällen entwickelt ein Kind bei solch einem Verhalten der Eltern eine sichere Bindung (Bindungstyp B). Sicher gebundene Kinder reagieren in Trennungssituationen der Eltern sehr beunruhigt. Sie lassen sich nicht von fremden Personen trösten und werden erst ruhiger, wenn die Eltern wieder da sind. Die Kinder schmiegen und kuscheln sich an. Sie haben ihre sichere Basis wieder. Daraus lässt sich schlussfolgern, dass das Bindungs- und Explorationsverhaltenssystem dieser Kinder im Gleichgewicht sind. Bei einem eher konsistent distanzierten Verhalten sind Eltern wenig sensibel, sehr distanziert oder abweisend. Daraufhin unterdrückt das Kind seine Bedürfnisse nach Nähe und Zuneigung. Das Bindungsverhalten wird minimiert. Das Explorationsverhaltenssystem dominiert also. Das Kind entwickelt ein unsicher-vermeidendes Bindungsverhalten (Bindungstyp A). Diese Kinder reagieren nur wenig bei Trennungen von den Eltern. Sie konzentrieren sich weiter auf ihre Umgebung und selbst bei Wiederkehr der Eltern wirken sie desinteressiert. Sie vermeiden sogar den Kontakt und die Nähe. Diese Selbstständigkeit ist allerdings mit einem hohen Stresspegel verbunden. Also wiederum belastend für das Kind. Der unsicher-ambivalente Bindungstyp (Bindungstyp C) ist die Ursache von einem sehr wechselhaften (inkonsistent) Verhalten der Eltern gegenüber dem Kind. Mal gekennzeichnet durch Fürsorge und Liebe oder mal durch Distanz und Kälte. Das Kind reagiert auf dieses Verhalten sehr irritiert. Es weiß nie wie die Eltern auf seine Bedürfnisse reagieren, deshalb neigt es zu Übertreibungen wie zum Beispiel bei Schmerz oder Kummer durch übertriebenes Schreien, damit dieses Bedürfnis auch wirklich wahrgenommen wird. In einigen Fällen entsteht auch das Gefühl von Ärger eines Kindes gegenüber dessen Eltern. Beim Bindungstyp C überwiegt grundlegend das Bindungsverhaltenssystem. Ein Verhalten, indem so gut wie gar keine Fürsorge zu spüren ist, ist das verletzende Verhalten geprägt durch Traumatisierungen des Kindes wie Misshandlung oder Missbrauch. Das Kind hat durch dieses Verhalten der Eltern nicht gelernt wie es mit ihnen umgehen soll. Ob es nun ihre Nähe und ihren Schutz suchen soll oder sie lieber meiden soll. Kinder, die solch ein Verhalten erfahren haben, entwickeln oft ein desorganisiertes/desorientiertes Bindungsverhalten (Bindungstyp D). Kinder mit einem solchen Bindungsmuster sind unabhängig von der elterlichen Feinfühligkeit. Sie zeigen oft seltsame Verhaltensweisen wie zum Beispiel Einfrieren des Gesichtsausdrucks. Anders als bei den anderen Bindungstypen haben diese Kinder keine Bindungsstrategie. Dieser Bindungstyp wurde in einer späteren Studie von Main und Solomon im Jahre 1990 erforscht. Die Feinfühligkeit der Eltern spielt also eine wesentliche Rolle für das Kind. Feinfühlige Eltern sind in der Lage die körperlichen und seelischen Bedürfnisse ihres Kindes zu erkennen und einfühlsam darauf zu reagieren. (Vgl. Jungbauer 2009, S. 45-47)

2.4   Auswirkungen der Bindungsqualität im Jugendalter

Das Verhalten der Eltern gegenüber ihrem Kind ist von großer Bedeutung. Sie prägen das Bindungsverhalten des Kindes. Auch im Jugendalter zeigt sich das, aus der Kindheit, angenommene Bindungsverhalten. Im Jugendalter beginnt der Jugendliche sich mehr für die Welt zu interessieren, als für die Familie. Er geht eine emotionale Bindung zu einem Partner ein. Besonders hier wirken sich die verschiedenen Bindungstypen nachhaltig auf den Alltag aus. Aber auch Bindungen zu Gleichaltrigen werden eingegangen und vertieft. Sicher gebundene Jugendliche übernehmen in ihrer Clique oft die Führungsposition. Sie sind selbstbewusster, sozial kompetenter und offener für neue soziale Kontakte. Unsicher gebundene Jugendliche isolieren sich eher (vgl. Jungmann & Reichenbach 2009, S. 26-27). Auch bewirkt eine sichere Bindung einen besseren Umgang mit Belastungen und kritischen Lebensereignissen Eine effektive Bewältigungsstrategie und eine optimistische Grundhaltung sind das Ergebnis. Daraus folgt, dass unsichere Bindungen gerade im Jugendalter, wo die eigene Identitätsfindung an erster Stelle steht, gravierende Folgen haben können wie belastungsbedingte Entwicklungsstörungen, psychosomatische Störungen (zum Beispiel Magersucht) oder Verhaltensauffälligkeiten (vgl. Jungbauer 2009, S. 48).

3. Diskussion zur These

Im letzten Abschnitt wurden die Auswirkungen der Bindungserfahrungen aus der Kindheit auf das Jugendalter dargestellt. Nach diesen Aspekten kann man behaupten, dass eine wenig fürsorgliche Kindheit Auswirkungen auf das spätere Leben hat. Ich stimme dem zu, finde das trotzdem zu pauschal, da man das Gesamte betrachten muss. Es gilt zunächst zu klären warum Eltern sich nicht fürsorglich ihrem Kind gegenüber verhalten können. Ein wichtiger Grund dafür ist das innere Arbeitsmodell der Eltern. Haben diese selber schlechte Bindungserfahrungen in der Kindheit erlebt, verhärten sich diese im Laufe des Lebens zu einem relativ festen und stabilen Modell. Das innere Arbeitsmodell beinhaltet das Funktionieren von sozialen Beziehungen. Je nachdem welchen Bindungstyp man entspricht, hat man eine bestimmte Sicht zur sozialen Umwelt und zur eigenen Person (vgl. Jungbauer 2009, S. 48). Diese Erfahrungen führen dazu, dass die Eltern nicht angemessen auf die Bedürfnisse ihres Kindes reagieren können. Es entstehen die unterschiedlichen Verhaltensweisen wie in 2.3 bereits beschrieben. Aber auch die Reflexionsfähigkeit der Eltern, inwiefern sie eigene Kindheitserfahrungen verarbeitet haben und die Fähigkeit sich in das Kind hineinzuversetzen, spielen eine Rolle (vgl. Jungmann & Reichenbach 2009, S.35). Auch das Verhalten der Kinder, welches durch Temperamentsmerkmale geprägt ist, kann eine Ursache sein. Vertreter dieser Theorie wie zum Beispiel Thomas und Chess behaupten, dass jeder Mensch fast von der Geburt an diese Merkmale besitzt. Das hat zur Folge, dass es zu einer wechselseitigen Beeinflussung zwischen Eltern und ihrem Kind kommt (vgl. Oerter 1993, S. 82-83). Während nach Ainsworth erforscht wurde welche Form des elterlichen Verhaltens Einfluss auf das Kind hat, hat die Reaktion des Kindes wiederum einen Einfluss auf das Verhalten der Eltern. Kinder mit Defiziten rufen meist eine Überforderung bei den Eltern hervor. Sie wissen oft nicht wie sie mit ihrem Kind umgehen sollen. Dabei kommt es genau darauf an wie die Eltern auf das Temperament reagieren und ob sie in der Lage sind sich an das Kind anzupassen oder Möglichkeiten zu entwickeln den Verhaltensstil des Kindes zu verändern (vgl. Oerter 1993, S. 83). Also müssen nicht unbedingt immer schlechte Erfahrungen zum Versagen führen, sondern auch Unwissenheit und fehlende Kenntnisse im Umgang mit einem Kind. Eine Tatsache, die denke ich, unumstritten ist, ist die, dass die Bindung eine wichtige Rolle spielt, da das Kind ohne die sichere Basis der Eltern nicht frei explorieren kann. Somit werden kaum Erfahrungen über die Umwelt gesammelt, denn auch die Kinder entwickeln anhand von Erfahrungen ihr inneres Arbeitsmodell. Negative Erfahrungen führen also zu einer negativen Sicht der sozialen Umwelt und sich selbst gegenüber, was zum Versagen führen kann, sprich meine These belegt. Selbst Bowlby beschrieb am Beispiel des Rangierbahnhofes, dass je weiter man vom richtigen Gleis abkommt, es umso schwerer ist dahin zurück zu kehren, besonders je älter man ist (vgl. Jungmann & Reichenbach 2009, S.32). Also je mehr Erfahrungen man sammelt, die zu einem unsicheren Bindungsverhalten führen, umso schwieriger ist es dieses Verhalten abzulegen. Es ist zwar schwierig, aber nicht unmöglich. Durch positive Erfahrungen mit Freunden oder dem Partner, die mit den Erfahrungen in der Kindheit nicht übereinstimmen, kann das innere Arbeitsmodell beeinflusst werden (vgl. Oerter 1993, S. 88). Auch in Bowlbys Beispiel ist die Tatsache versteckt, dass ein Zurückkehren auf das richtige Gleis nicht unmöglich ist. Es gibt zwar viele Studien, die aufzeigen, dass Erwachsene mit Problemen der seelischen oder körperlichen Gesundheit, über gestörte und traumatische Familienverhältnisse klagen. Auch amerikanische Längsschnittstudien zeigten einen Zusammenhang zwischen Problemen in der Kindheit und späteren Folgen im Leben wie Kriminalität. Jedoch gibt es auch Menschen, die unter ähnlichen Bedingungen aufgewachsen sind und einen normalen Weg eingeschlagen haben (vgl. Oerter 1993, S. 87). Um Beeinträchtigungen in der Bindung zwischen Eltern und ihrem Kind vorzubeugen, ist die Soziale Arbeit bemüht. Die Erziehungsberatung besonders für junge Mütter/Eltern, Alleinerziehende, Eltern am Existenzminimum oder psychisch kranken Eltern ist eine Methode (vgl. Jungbauer 2009, S. 51). Auch die Einführung der Elternbriefe ist, so habe ich es im Praktikum in einer Familienberatung erfahren, ein wichtiger Schritt. Die Eltern bekommen in bestimmten Abständen kleine Ratgeber zu dem entsprechenden Alter des Kindes. Sie helfen in überfordernden Situationen richtig zu handeln. Die Soziale Arbeit ist eine wichtige Instanz schlechte Erfahrungen in der Kindheit zu korrigieren bzw. zu helfen damit umzugehen um ein normales Leben führen zu können. Somit wird auch Kindern und Erwachsenen mit bereits unsicherem Bindungsverhalten geholfen. Es geht, meiner Meinung nach, darum die Ressourcen, die der Mensch in sich trägt zu stärken und ihn auf belastende Situation vorzubereiten, denen er selbstbewusst entgegentritt, um sie selber zu lösen. Somit widerlegt die Soziale Arbeit meine These, in denen sie Menschen dabei hilft schlechte Bindungserfahrungen zu verarbeiten und diese durch Maßnahmen vorzubeugen. Also kann zwar das Versagen der Eltern nachteilig auf das Kind wirken jedoch muss dieses nicht unbedingt im späteren Leben versagen, besonders nicht mit Hilfe und Unterstützung.

4.   Schlussbetrachtung

Eine fürsorgliche Eltern-Kind-Bindung ist fördernd für eine gesunde Entwicklung des Kindes. Eine vernachlässigende Eltern-Kind-Bindung kann zu Problemen im weiteren Leben führen. Dabei liegt die Betonung auf das Wort „kann". Die in der Einleitung von mir formulierte These, dass das Versagen der Eltern im sozial-emotionalen Umgang mit ihrem Kind, das Versagen des Kindes im weiteren Verlauf des Lebens als Ursache hat, kann man nicht direkt beweisen oder aufheben. Es gibt zahlreiche glaubwürdige Studien, die das entweder belegen oder widerlegen. Somit wird diese Problematik weiterhin die Meinungen spalten. Trotzallem ist es auch wichtig darüber zu diskutieren. Bowlby stellte in seiner Bindungstheorie dar wie entscheidend die Eltern für das Kind sind. Kinder benötigen gerade in den ersten Lebensjahren den Schutz und die Fürsorge der Eltern, das betonte auch Ainsworth in ihren Forschungsarbeiten. Es ist notwendig die Bindung zwischen Eltern und ihrem Kind zu analysieren um bei Belastungen zu helfen und diese vorzubeugen. Vielleicht wird es bald wieder neue Theorien über die Eltern-Kind-Bindung geben, die dann, wie es damals Bowlby mit seiner Bindungstheorie tat, den aktuellen Stand der Forschung revolutionieren.

5.   Literaturverzeichnis

JUNGBAUER, J. (2009). *Familienpsychologie* (S. 44-51). Weinheim: BeltzPVU.

JUNGMANN, T. & REICHENBACH, C. (2009). *Bindungstheorie und pädagogisches Handeln. Ein Praxisleitfaden* (S. 15-19). Dortmund: Borgmann.

OERTER, R. & MONTADA, L. (2008). *Entwicklungspsychologie* (S. 217). Weinheim: BeltzPVU.

OERTER, R. (1993). Ist Kindheit Schicksal? Kindheit und ihr Gewicht im Lebenslauf. In Deutsches Jugendinstitut (Hrsg.), *Was für Kinder. Aufwachsen in Deutschland. Ein Handbuch* (S. 79-88). München: Kösel.